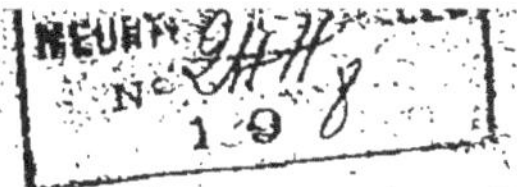

SOCIÉTÉ DE SAINT VINCENT DE PAUL

PÈLERINAGE ET RÉUNION

DES

CONFÉRENCES

DE LA MEURTHE, DE LA MEUSE ET DES VOSGES

A BENOITE-VAUX

Le 26 Mai 1898

NANCY

AU SECRÉTARIAT DE LA SOCIÉTÉ

3, RUE DU MANÈGE, 3

1898

SOCIÉTÉ DE SAINT VINCENT DE PAUL.

PÈLERINAGE ET RÉUNION

DES

CONFÉRENCES

DE LA MEURTHE, DE LA MEUSE ET DES VOSGES

A BENOITE-VAUX

Le 26 Mai 1898

NANCY

AU SECRÉTARIAT DE LA SOCIÉTE

3, RUE DU MANÈGE, 3

1898

CONFÉRENCES

SAINT VINCENT DE PAUL

A BENOITE-VAUX.

Le pèlerinage annuel des Conférences de la Meuse au Sanctuaire de Benoîte-Vaux, a eu lieu le jeudi, 26 mai dernier.

Le nombre des pèlerins, une soixantaine environ, a été notablement inférieur à la moyenne habituelle, généralement de quatre-vingt-dix à cent. Il en faut accuser l'inclémence du temps que nous subissons depuis un mois.

Une autre déception nous attendait, l'absence de Monseigneur l'Evêque de Verdun, qu'à notre bien vif regret, les devoirs de son ministère avaient retenu loin de nous.

Malgré tout, la réunion qui s'est tenue à la Chapelle, après la Messe, sous la protection de Notre-Dame et sous la présidence du vénérable Archiprêtre de Verdun, était encore assez importante.

Prennent place au chœur M. l'Archiprêtre ; MM. de Vienne et de Landrian, délégués du Conseil central ; Madelin, président du Conseil particulier de Bar ; Meneu, président du Conseil particulier de Verdun ; Thirion, président de la Conférence de Saint-Mihiel ; l'abbé Michelot, vicaire à Commercy, délégué de la Conférence de cette ville.

Dans l'assistance, on remarque la Conférence des jeunes gens de Verdun, représentée par une vingtaine de ses Membres et leur excellent et sympathique directeur, M. l'abbé Henry. C'est Verdun, il faut le dire à l'honneur de la vieille ville épiscopale, qui a, cette année, fourni à la réunion son principal contingent. Les Confrères de Bar brillaient un peu trop par leur absence, et s'ils sont dignement représentés, certes, par leur éminent président, on n'en regrette pas moins qu'ils l'aient laissé partir sans l'encadrer quelque peu.

M. de Vienne prend la parole, au nom du Conseil central.

En commençant, il exprime à Dieu sa reconnaissance, notre reconnaissance à tous, du bienfait de cette oasis bénie, où sous l'œil de sa Sainte Mère, à l'abri des agitations du siècle, les Conférences viennent chaque année retremper leur courage et méditer les leçons de la charité.

Il exprime ensuite à M. l'Archiprêtre les remerciements qui lui sont bien dûs, pour le dévouement et la paternelle affection qu'il ne cesse de prodiguer à notre œuvre.

Il le charge d'être, auprès de Sa Grandeur, l'interprète de tous les regrets que nous causent son absence, et la privation de sa parole généreuse et réconfortante, bien sûr d'ailleurs que si sa personne est loin, son cœur est présent au milieu de nous et que ses vœux les plus ardents nous accompagnent.

Il exprime le regret qu'un fâcheux concours de circonstances, indépendantes de la volonté de chacun, n'aient permis à aucun délégué de venir, l'an dernier, représenter le Conseil central.

Il adresse les remerciements de l'Assemblée aux bons Pères de Benoîte-Vaux toujours si accueillants, si charitablement hospitaliers pour les Confrères de Saint-Vincent de Paul ; aux membres du clergé qui ont bien voulu honorer la réunion de leur présence, témoignant par là tout l'intérêt qu'ils prennent à nos efforts.

M. de Vienne retrace alors à grands traits, les devoirs de charité généraux et fondamentaux de la Société de Saint-Vincent-de-Paul, mais il veut insister plus particulièrement sur les Œuvres accessoires, Œuvres d'un caractère plutôt social et économique, que le malheur des temps, l'antagonisme des classes et les progrès du matérialisme dans l'esprit du peuple, appellent à devenir des œuvres principales.

Il faut que les Membres de Saint-Vincent de-Paul, soit en Conférence, soit individuellement, n'hésitent pas à entrer dans ces Œuvres, n'eussent-elles même encore qu'un caractère purement philanthropique ; ils leur imprimeront le cachet de la charité chrétienne. Telles sont d'ailleurs les instructions du Souverain-

Pontife, nombre de fois exprimées ; telles sont également, si l'on veut y regarder de près, les intentions des fondateurs de notre Société. A côté de l'œuvre fondamentale et permanente, Notre Saint-Père le Pape, le règlement, les traditions mêmes demandent autre chose.

Les œuvres, dont parle l'orateur, peuvent être rangées dans deux catégories, selon qu'elles visent les besoins moraux ou l'assistance matérielle de la classe ouvrière. La première comprend d'abord les *patronages*. Suivre les enfants après la première Communion, à cet âge où le vice les guette, où, au sortir de l'école et du catéchisme, ils rencontreront au dehors, à l'atelier surtout, le mépris de leurs croyances et des tentations de toutes sortes ; les prémunir contre ces dangers, en leur continuant les bienfaits de l'éducation chrétienne ; les empêcher surtout de devenir la proie de la Franc-Maçonnerie, en des sortes de patronages laïques qui, sous des noms divers et des titres trompeurs, ne sont que des pièges tendus à leur foi et à leurs intérêts; tel doit être le rôle du patronage chrétien. C'est aux Membres de Saint-Vincent-de-Paul à se faire, en cette importante matière, les auxiliaires du clergé des paroisses.

En second lieu, les Œuvres concernant *le respect de la loi du dimanche* : « L'abandon de cette loi, l'un des plus grands malheurs de ce temps! L'ouvrier s'est laissé voler son dimanche; » par suite, plus de devoirs religieux, plus d'honnête repos, plus de vie de famille. Donc nécessité pour nous d'adhérer aux ligues et autres œuvres de même nature, pour le repos du dimanche; d'y prêter notre concours, d'user, sur ce point, de notre influence sur les ouvriers que nous visitons.

A ces deux séries d'Œuvres, on peut ajouter celles qui ont pour but *la propagation des bons livres* et qui sont le complément nécessaire des premières.

La deuxième catégorie comprend les Œuvres plus spécialement sociales et économiques. Telles sont, en premier lieu, *les Sociétés de Secours mutuels* et *les Caisses de Crédit agricole,* où les ouvriers des villes et des campagnes trouvent, par l'association, le seul moyen de combattre leurs trois grands ennemis : la maladie, la vieillesse, et, pour les petits cultivateurs, le manque de crédit. Ces Œuvres, nous avons eu le tort de trop nous en désintéresser et par là même, d'en abandonner la direction à nos adversaires. Il est temps de revenir à d'autres errements.

En second lieu, *les secrétariats du peuple ou des familles*, très faciles à installer et où, grâce au dévouement de quelques hommes de bonne volonté pris dans les différents services, l'ouvrier trouvera gratuitement conseils désintéressés pour ses affaires, consultations gratuites pour sa santé et celle des siens, moyens de se procurer du travail en cas de chômage, etc.

Des délégués de quartiers, choisis parmi les ouvriers eux-mêmes, sont chargés d'introduire leurs camarades près du secrétariat, d'où, assistance mutuelle des ouvriers entre eux, par conséquent exercice de la charité, etc.

C'est en entrant dans ces œuvres devenus capitales, que les Membres de Saint-Vincent-de-Paul montreront au peuple où sont ses vrais amis, éteindront les rancunes sociales et ramèneront l'ouvrier aux principes chrétiens, en lui prouvant que la piété est utile à tout.

M. de Vienne termine en adressant aux jeunes gens un chaleureux appel. L'avenir est entre leurs mains.

Qu'ils ne jouissent pas en égoïstes des bienfaits de Dieu, mais qu'ils en fassent profiter leurs frères déshérités, qu'ils s'adressent surtout aux enfants, aux jeunes gens comme eux. A eux surtout d'exercer leur action dans les patronages. Mais avant tout, qu'ils bénissent Dieu de leur avoir fait faire de bonne heure l'apprentissage de la charité !

Aux Confrères, souhaits de les revoir plus nombreux l'an prochain et d'année en année : « *Ad multos annos.* »

On entend ensuite les remarquables rapports de MM. les Présidents des Conseils particuliers de Bar et de Verdun, ceux de MM. les Présidents et délégués des Conférences de Saint-Mihiel et de Commercy.

De ces rapports nous ne dirons rien, puisqu'on les trouvera *in-extenso* dans le compte-rendu annuel. Nous ne voulons pas cependant laisser passer le rapport de M. Meneu, sans nous associer de tout cœur, aux regrets qu'il exprime de l'absence de M. le Curé d'Ancemont, qu'une cruelle maladie cloue sur son fauteuil. Quelle douloureuse déception pour nous, de n'avoir pas retrouvé, comme chaque année, le zélé pasteur, si dévoué à l'Œuvre de Saint-Vincent-de-Paul, l'hôte et l'ami des Pères de Benoîte-Vaux, qui, avec une grâce charmante, les aidait à faire les honneurs de leur hospitalière maison ! Puisse la Très Sainte Vierge qu'il a si bien servie, le ramener à la santé, c'est le vœu le plus cher de ses amis !

M. l'Archiprêtre termine la séance par quelques paroles bien touchantes, sur la charité chrétienne. Il démontre la supériorité de la charité sur la philanthropie officielle qui n'atteint le pauvre que dans la moitié de son être, dans sa partie matérielle ; fausse philanthropie, d'ailleurs, qui a été jusqu'à enlever au pauvre, avec l'image de Celui qui a souffert pour nous, toutes ses espérances et toute sa consolation.

M. l'Archiprêtre paraphrase ce mot de saint Vincent de Paul : « Ne considérez pas l'extérieur du pauvre ni la portée de son esprit, mais tournez la médaille et, au revers, vous y verrez Notre-Seigneur. Il regardera, comme fait à lui-même ce qu'on aura fait au plus petit d'entre les siens. »

Il est midi, il est temps d'allez dîner. Ceux d'entre nous levés dès l'aurore et l'estomac de nos jeunes gens n'y contredisent point. C'est donc avec plaisir, et pourquoi pas ? que nous nous asseyons à la table de ces bons Pères, simple et abondante, dressée dans le long corridor du couvent.

Au dessert, toast chaleureux de M. l'Archiprêtre, à notre bien-aimé Pontife Léon XIII, auquel, de toutes les poitrines, répond le cri enthousiaste de : Vive Léon XIII ! M. l'Archiprêtre n'oublie pas les Membres du Conseil central dont on a tant regretté l'absence, l'an dernier.

M. de Landrian se lève à son tour, et dans le langage original et imagé qu'on lui connait, porte la santé de M. l'Archiprêtre dont il fait un éloge aussi délicat que mérité. « Il semble, dit-il, que saint Vincent de Paul ne soit pas mort. » On ne saurait, certes, mieux dire.

Chacun à sa part dans les vœux de notre Confrère : M. de Vienne, les Pères de Benoîte-Vaux, tous les Confrères et enfin la jeunesse, espoir de l'avenir, de l'Eglise et de la France,... dont il regrette de ne plus être. Chacun se dit qu'il est bien certainement le seul à le croire !

Puis on va chanter Vêpres. Après les Vêpres, la procession à la sainte Fontaine. La Sainte-Vierge nous a protégés ; depuis notre arrivée, nous n'avons pas ouvert nos parapluies ; il pleut ailleurs, à Nancy notamment ; il fait beau à Benoîte-Vaux. Aussi la longue file des pèlerins, augmentée de deux paroisses voisines, peut-elle se dérouler, bannières déployées, dans le vallon béni et en faire retentir les échos de ses cantiques, en l'honneur de la Sainte Patronne.

Puis de retour à l'Eglise, le Salut, après quoi il faut faire ses adieux aux bons Pères, aux Confrères et s'arracher aux douces émotions de la journée, pour se replonger, hélas ! dans les préoccupations et les tracas de la vie. Toutefois, chacun emporte de cette oasis bénie, comme disait M. de Vienne, une provision de courage et de force pour jusqu'à l'an prochain, comptant sur la protection de Celle qui n'abandonne jamais ceux qui l'aiment.

Un pèlerin.

Extrait de la *Semaine religieuse* de Verdun (11 Juin 1898).

« La date choisie pour la réunion générale des Conférences de Saint-Vincent-de-Paul de la Meuse était comme les années précédentes le jeudi d'après l'Ascension.

Malgré le froid et le mauvais temps que l'on subissait depuis trois semaines, 26 Membres des Conférences de Verdun arrivaient avant 8 heures du matin au pieux rendez-vous, ainsi que des députations de celles de Bar, Saint-Mihiel, Commercy, Ligny, Naives, Ancemont, etc., et trouvaient déjà réunis au sanctuaire vénéré plusieurs premières communions venues de loin, notamment d'Hennemont et de Vacherauville, et de nombreux pèlerins de Dieue, de Ville-sur-Cousance et d'ailleurs, amenés par leurs Curés.

Les Messes de communion se succèdent jusqu'à 9 heures aux trois principaux autels.

A 10 heures, Assemblée générale. Au fauteuil de la présidence, M. l'Archiprêtre de la Cathédrale, président du Conseil central de Verdun, entouré de MM. les délégués du Conseil central de Nancy et des rapporteurs des Conférences de Bar, Verdun, Commercy et Saint-Mihiel.

M. de Vienne, vice-président du Conseil central, ouvre la séance par une chaude et éloquente allocution. Il remercie et félicite M. le Président, et prie de transmettre à Monseigneur les vifs regrets de toute l'assemblée et les siens en particulier de l'absence du Père vénéré au milieu des plus affectueux et des plus dévoués de ses fils.

Il trace ensuite de main de maître quelques-uns des devoirs des Conférenciers vis à vis de certaines œuvres pieuses ou charitables auxquelles ils ne doivent pas rester étrangers à notre époque d'agitation sociale : Patronage, Secrétariat du Peuple, Bibliothèques, Sociétés de Secours mutuels, Caisses rurales, Œuvre de Saint-François Régis, etc.

Les Rapports, tous très intéressants malgré l'aridité des chiffres, sont écoutés avec une curieuse et religieuse attention.

M. l'Archiprêtre se lève à son tour, prononce quelques mots flatteurs à l'adresse de ces Messieurs si dévoués du Conseil central et notamment de l'éloquent M. de Vienne. Il félicite ensuite les rapporteurs des si bonnes choses qu'ils ont dites ; puis, avec l'autorité que lui donne sa longue expérience de la charité, il commente très brièvement ces paroles des Livres Saints : *Beatus qui intelligis super egenum et pauperem*, et fait voir combien diffère par son but et par ses résultats la charité chrétienne qui vise l'âme du pauvre, de la charité officielle et philanthropique qui ne s'intéresse qu'à ses besoins matériels.

La séance qui avait commencé par une invocation à l'Esprit-Saint, se termine par une prière à la Sainte Vierge et par un *De profundis* à l'intention des Confrères décédés.

La place fait défaut pour parler de l'aimable et cordiale hospitalité donnée par les Bons Pères aux Conférenciers de Saint-Vincent-de-Paul, de la gaieté si franche et si expansive qui a présidé à ces agapes toutes fraternelles, et aussi des toasts traditionnels portés si finement par le vénérable Archiprêtre et par le spirituel M. de Landrian, de Nancy.

On quitte la table au dernier coup des Vêpres, qu'on chante avec beaucoup d'entrain. Après le chant du *Regina Cœli* une longue procession se forme, se déroule à la fontaine miraculeuse et jusqu'au sommet du Calvaire, et se replie vers la chapelle au chant des *Ave* que répètent à l'envi et les Conférenciers et les autres groupes des pèlerins et les échos de la montagne.

On reçoit une dernière bénédiction ; on fait une dernière prière, et on échange une dernière poignée de mains en se disant au revoir, à l'année prochaine !

Un Conférencier. »

RAPPORT DE M. MADELIN

PRÉSIDENT

DU CONSEIL PARTICULIER DE BAR-LE-DUC

Monsieur l'Archiprêtre (1).

Notre Fête a bien de la peine à être complète. L'an dernier, nous avions le regret de ne pas voir au milieu de nous les Membres du Conseil central de Nancy qui donnent tant de vie à nos réunions et, avec leurs réconfortantes sympathies, nous apportent les inappréciables conseils dictés par leur grande expérience de la Charité.

Cette année, nouvelle et bien vive déception ! nous nous trouvons privés de la présence de notre Évêque dont la parole si pénétrante nous apporté de si puissants encouragements et des témoignages toujours nouveaux de son inépuisable bienveillance. Nous avons du moins à remercier Monseigneur de s'être fait représenter par un délégué aussi autorisé et aussi sympathique que M. l'Archiprêtre de la Cathédrale de

---

1. M. l'Archiprêtre de la Cathédrale de Verdun.

Verdun qui, en même temps qu'il est pour tous un prêtre vénéré, est pour nous un confrère aimé.

Le compte rendu, mes chers Confrères, est la note sévère de cet amical rendez-vous de Benoîtevaux et réclame une certaine provision de patience, car il manque nécessairement un peu de variété et les Œuvres de Charité si intéressantes à pratiquer sont beaucoup plus ingrates à exposer.

Bar-le-Duc se présente toujours avec ses quatre Conférences, — une par paroisse.

Celle de Saint-Antoine, était sans Président depuis la mort du digne M. Hallier. M. l'abbé Bonne. aumônier du Couvent de la Croix, Membre de la Conférence, a bien voulu accepter d'en devenir le Président et, à titre de bienvenue, il apporte à la Conférence une Œuvre due à sa charitable initiative, un *Vestiaire* confié au zèle et à l'adresse des anciennes élèves de la Maison et qui est pour nous, vous le savez, une si précieuse ressource. Sous la direction de son nouveau Président et avec le concours de M. le Curé qui a déjà donné à notre Société de si nombreuses preuves de sympathie, la Conférence, placée au cœur même de la ville, est appelée à prendre de nouveaux développements. Du reste. quoique n'ayant que 7 Membres actifs, elle visite quatorze familles ; et 15 Membres honoraires que nous ne perdons pas l'espoir de voir se transformer en Membres actifs, prouvent, du moins, de quelle sympathie la Conférence est entourée.

L'accroissement que nous souhaitons à Saint-Antoine, la Conférence Saint-Étienne l'a pris subitement. Elle a vécu longtemps et sans se décourager, avec trois ou quatre Membres. Il y en a dix aujourd'hui qui visitent 20 familles. Ces 20 familles sont loin d'être la mesure de leur zèle et dans ce quartier un des plus déshérité de la ville, nos Confrères ne demanderaient pas mieux que d'étendre leur secours, mais, un peu comme partout, les pauvres abondent plus que les ressources. Une quête faite pour la première fois dans la paroisse est venue heureusement un peu grossir la caisse du Trésorier. La paroisse de la Ville Haute a une petite bibliothèque de 250 volumes. Nos contrères font des merveilles de multiplication et avec ces 250 volumes toujours en mouvement, réussissent à opérer énormément de bien.

La Conférence Saint-Jean a 14 Membres actifs et visite 17 familles. Elle est placée, elle aussi, dans un quartier où les bourses vides sont hélas ! plus nombreuses que les pleines et elle est quelquefois bien embarrassée de faire face à ses obligations. Mais la Providence, représentée tantôt par le Conseil particulier qui n'a rétabli la dîme que pour la répandre en bienfaits sur les Conférences dans l'embarras, tantôt par une famille qui, pour honorer la mémoire d'un de ses membres ravi par la mort, gratifie la Conférence d'un don généreux ; tantôt par d'heureux hasards de quête est toujours venue à temps en aide à sa détresse. La Conférence Saint-Jean a aussi une bibliothèque, seulement elle a fait l'expérience que sans bibliothécaire il n'y a pas pas de bibliothèque, le sien a vu cette année son temps pris par des occupations absorbantes mais nous promet pour l'an prochain son dévoué concours habituel.

Notre-Dame (à tout Seigneur tout honneur !) continue à jouir d'une Conférence florissante. Elle compte

20 Membres actifs assidus aux séances et ayant, qualité précieuse, l'orgueil de leur Conférence. Nos Confrères, non, contents de patronner 35 enfants des Écoles chrétiennes ont eu, depuis quelque temps, la bonne pensée d'initier un certain nombre d'élèves des Frères à la pratique de la Charité en les emmenant visiter avec eux les pauvres. Excellent complément d'éducation qui habitue ces jeunes gens à donner leur temps et à ouvrir leurs cœurs à la triste misère humaine.

Je ne quitterai pas la Paroisse Notre-Dame sans parler de la Retraite préparatoire à la Fête de l'Immaculée Conception prêchée dans une Chapelle de l'église qui n'était pas assez vaste pour contenir les Membres des Conférences et les zélés chrétiens qui avaient répondu à leur appel. Un éloquent et sympathique Père Capucin, a fait entendre, pendant trois jours, à cet auditoire empressé, des instructions que personne n'a pu entendre sans y puiser une nouvelle ardeur pour le bien et l'exercice de la Charité.

La Conférence a perdu dans le cours de l'année M. Berthelémy, son ancien Trésorier. M. Berthelémy, comme l'économe que loue l'Evangile, a su administrer avec un zèle tout chrétien les deniers de la Conférence et le bon Dieu l'a assurément jugé, à tous égards, digne de la récompense promise au bon serviteur.

Que dire de Ligny, si ce n'est qu'il y a là une Conférence à laquelle il est difficile de ne pas porter envie! Jugez plutôt : Une Conférence qui est *chez elle*, dans une maison exclusivement destinée aux Œuvres, une Conférence qui a 30 Membres actifs,

28 Membres honoraires, visite 18 familles, possède une Bibliothèque de 2,550 volumes et n'a pas vu circuler, dans le cours de l'année, moins de 5,000 livres entre les mains de 550 lecteurs. C'est vous dire qu'il se fait beaucoup de bien dans cette ville de Ligny sur laquelle N.-D. des Vertus n'étend pas en vain son patronage.

Nos Conférences rurales se réduisent à deux : Celle de Fains qui visite sept familles et, avec une Bibliothèque de 223 volumes, contribue à entretenir dans la commune le goût des saines lectures ; et la Conférence de Naives qui, sans négliger l'assistance des pauvres à domicile, s'applique, elle aussi, à la diffusion des bons livres et à d'autres Œuvres de zèle. Grâce à ses soins, Naives a eu, cette année, sa Messe du départ à l'occasion de l'appel sous les drapeaux des jeunes conscrits de la paroisse. En reconnaissance des dons obtenus par l'intercession de Saint Antoine, la Conférence a également célébré avec un éclat particulier, la fête de ce puissant et bon Saint qui devient de plus en plus le dispensateur du pain des pauvres.

Je ne vous ai dit évidemment, mes chers Confrères, dans ce rapide compte-rendu, qu'une faible partie de ce que font les Conférences. Il est certain que l'action chrétienne et de morale qu'elles exercent et qui est le côté le plus intéressant de leur tâche échappe à l'analyse. Lorsqu'une famille est confiée à nos soins, nous ne nous considérons pas, en effet, vous le savez, comme quittes envers elle quand nous avons remis entre ses mains le bon de chaque semaine ; nous lui offrons, en outre, cet amical patronage où le zèle n'a pas de limite et qui lui n'a pas d'histoire.

Ah, mes chers Confrères, remercier Dieu d'avoir mis à notre portée un aussi facile moyen de faire le bien et d'apprendre aux malheureux à souffrir, rien qu'en leur montrant que nous les aimons. Et puissions-nous contribuer à la réalisation du vœu formé par ce charmant poète (1) que l'épreuve a ramené au culte de son enfance :

« Ah, si les malheureux savaient mieux souffrir et si les heureux savaient mieux aimer, quelle aurore de paix et de bonté se lèverait sur le monde ! »

(1) Coppée.

RAPPORT DE M. J. MENEU

VICE-PRÉSIDENT DU CONSEIL PARTICULIER

SUR LES

CONFÉRENCES DE LA SECTION DE VERDUN

MONSIEUR LE PRÉSIDENT, (1)

Délégué par notre éminent Prélat pour occuper le fauteuil de la présidence où Sa Grandeur eût aimé de venir s'asseoir si sa tournée de confirmation ne l'en eût empêchée, vous me permettrez de saluer en vous un des représentants les plus zélés, les plus compétents et les plus vénérés de la charité chrétienne, le représentant de Monseigneur, qui a pour notre Œuvre une prédilection bien marquée, le représentant aussi de N. S. P. le Pape, qui daigna me charger naguère de ses plus affectueuses bénédictions pour les Conférences de Saint-Vincent de Paul de la Lorraine, lors de mon pèlerinage à la Ville éternelle, où j'arrivais il y a un an *à pareil jour et à pareille heure*.

(1) M. le chanoine Hussenot, curé-archiprêtre de la Cathédrale, président du conseil particulier.

Messieurs et chers Confrères,

Chaque soir, le commerçant laborieux et intelligent fait sa caisse et met ses écritures à jour. Chaque soir, le général en chef d'une armée en campagne dresse le bilan de ses pertes et de ses prises sur l'ennemi, étudie les mouvements de son adversaire, et prend ses dispositions pour l'attaque du lendemain. Chaque soir aussi, le bon chrétien, soucieux du salut de son âme, se recueille quelques instants, fait son examen de conscience, compte, lui aussi, ses défaites et ses victoires, et dresse ses batteries pour déjouer les ruses machiavéliques de son redoutable ennemi.

Notre Règlement, qui a été élaboré avec autant de prudence que de sagesse par Ozanam et ses compagnons, ne nous astreint pas à un examen quotidien de nos devoirs de Conférenciers ; mais il veut qu'une fois par an nous procédions avec humilité et sincérité à une revue générale de nos œuvres, afin de pouvoir juger du bien accompli et de celui que nous devrons réaliser.

Puisse celle que je vais vous présenter, Messieurs, si imparfaite soit-elle, répondre aux intentions et aux espérances de nos pieux Fondateurs, raffermir notre courage, exciter notre zèle et nous révéler ce qui manque à notre activité et à son perfectionnement.

Ancemont. — La Conférence d'Ancemont ne s'est pas ressentie de la paralysie de son vénérable Directeur, si admirablement résigné à la volonté de Dieu.

Ses recettes se sont élevées à 143 fr. 30 et ses dépenses à 129 fr. 90 d'où un reliquat de 13 fr. 40. C'est la première fois, je crois, depuis le 22 novembre 1852, date de son agrégation, qu'elle a réalisé *de si grosses économies ;* jusqu'alors sa caisse était toujours à sec le 31 décembre ; souvent même il y avait déficit.

Vous m'en voudriez fort, Messieurs, si je ne vous donnais des nouvelles du cher malade à qui nous nous intéressons tous, à Nancy, comme dans tout le diocèse de Verdun, que nous aimons tous, que nous plaignons tous, et pour qui certainement nous prions tous.

Et bien, nous n'avons pas affaire à un ingrat : M. l'abbé Blondelet, dont la santé ne s'est guère améliorée, écrivait le 25 avril dernier à M. l'Archiprêtre qu' « il tâche de nous faire du bien à nous et à nos Œuvres par ses pauvres prières ; (je copie textuellement) il nous remercie du trop grand intérêt que nous lui portons à lui et à sa Conférence, Il espère toujours en la puissance miraculeuse du Sacré-Cœur par le cœur immaculé de Marie. »

Redoublons aujourd'hui nos prières, chers Confrères, adressons-les plus vives et plus ardentes à Notre-Dame de Benoîte-Vaux pour son dévot serviteur, qui fut le plus intrépide et le plus fervent de ses pèlerins.

Marville. — Pas de nouvelles, bonnes nouvelles, dit un vieux proverbe que ne fera pas mentir la Conférence de Marville.

Si nous n'avons pas reçu les renseignements demandés et redemandés, c'est certainement le fait d'un malentendu ou d'une fausse adresse.

Cette jeune Conférence était trop prospère, son président trop zélé, son directeur trop dévoué à ses pauvres pour qu'on pût supposer que le diable, si malin fût-il, en eût eu raison ; et j'attendrai encore ces renseignements égarés, même quand il ne sera plus temps de vous les communiquer.

Mont-devant-Sassey. — 7 Membres actifs en deuil de leur cher Confrère, M. Godet-Mordin, qui prie ou priera bientôt pour eux comme ils ont prié pour lui : 2 familles pauvres largement et régulièrement secourues en hiver ; une bibliothèque de 150 volumes, confondue avec celle de M. le Curé, et visitée par 40 lecteurs ; 90 fr. de quêtes aux séances et 5 fr. de reliquat fin d'année, voilà les renseignements sommaires et très laconiques que j'ai copiés sur le tableau statistique de cette Conférence pour l'année 1896, la 6° de son existence.

Si nos Confrères de Mont n'ont pas la satisfaction de secourir de grandes misères, ils ont du moins celle non moins grande de travailler efficacement au but principal de l'Association, qui est de s'aimer, de s'édifier mutuellement et de se sanctifier.

Ornes. — Situation toujours prospère, sans variation dans le nombre des Membres actifs ni dans celui des familles secourues.

Le reliquat seul a varié et s'est élevé à 356 fr. 55, grâce à un hiver très doux, qui a permis à nos prévoyants Confrères de faire des économies pour l'année prochaine. Ils pressentaient déjà sans doute la guerre hispano-américaine et la cherté du pain, à laquelle leur réserve pourra apporter quelques adoucissements.

Je dois féliciter ici cette Conférence, et tout spécialement son habile Directeur, M. l'abbé Yardin, des vocations sacerdotales qu'ils savent découvrir et faire éclore, et des excellentes recrues qu'ils envoient presque chaque année au Séminaire. Depuis la rentrée d'octobre, ils sont 9, et la plupart s'y distinguent par l'édification qu'ils donnent et les succès qu'ils remportent, témoin 2 élèves du Grand-Séminaire qui ont été reçus bacheliers, 3 élèves des classes de grammaire qui ont reporté l'an dernier à leur Curé 38 prix et 3 accessits ; et un philosophe qui a mérité le prix d'honneur attribué à l'élève qui a donné le plus de satisfaction à ses Maîtres depuis son entrée au Séminaire.

Saint-Laurent. — Mon premier devoir en arrivant à Saint-Laurent est de saluer avec respect et reconnaissance son nouveau pasteur, M. l'abbé Sirjacques, qui a bien voulu suivre les anciennes et excellentes traditions de son vénérable prédécesseur, et prendre la direction de la Conférence de Saint-Vincent de Paul de cette paroisse.

Au lieu de diminutions que je pouvais craindre, il y a progrès sur toute la ligne dans cette bonne et ancienne Conférence ; 17 Membres actifs au lieu de 13 ; 12 familles secourues au lieu de 10 ; — 342 fr. 75 de dépenses au lieu de 143 fr. 50 ; — les recettes dans les mêmes proportions et un reliquat de 455 fr. 20.

Ces résultats seraient magnifiques sans le mauvais postcriptum qui les accompagne : au lieu de réunions hebdomadaires, comme le veut le règlement, la Conférence a décidé de ne plus les avoir que mensuelles pour enlever toute excuse à certains Membres dont l'inexactitude aux séances, surtout en été, désolait déjà depuis longtemps M. le curé de Burleraux, comme en témoignent certains anciens rapports que je relisais dernièrement.

Si le vénérable et très regretté M. Vagner était ici, il tonnerait de sa plus grosse voix contre nos Confrères de Saint-Laurent, M. de Vienne sera peut-être moins sévère. Du reste, comme compensation, je suis autorisé à vous annoncer qu'une petite Conférence est en voie de formation, et secondera très efficacement sa sœur aînée. Je la salue à son berceau, et lui souhaite prospérité et longue vie.

Stenay. — Une Conférence dont tous les Membres sont très exacts aux séances, et qui accuse dans sa deuxième année 718 fr. 50 de recettes et 520 fr. 20 de dépenses, est certainement une Conférence selon le cœur de Dieu, pouvant être donnée comme modèle à beaucoup d'autres plus anciennes.

Telle est celle de Stenay. Mais hélas ! ces heureux résultats nous sont parvenus encadrés de noir : Dieu a repris à cette jeune Conférence, en septembre dernier, son vénéré président, M. Loudin, capitaine en retraite, qui était un chrétien sans peur et sans reproche, d'une exactitude et d'une correction toutes militaires, dévoué et sincèrement attaché à l'œuvre de Saint-Vincent de Paul.

Son successeur, M. Courtade, digne à tous égards de lui succéder, donne comme lui à sa Conférence et son cœur et son temps. Avec des hommes de cette trempe, nous écrit le Directeur, nos Œuvres ne peuvent que grandir et prospérer.

Avant de quitter Stenay, je tiens à donner un pieux souvenir à un ancien Confrère et ami que Dieu a rappelé à lui et ravi à l'affection de son cher fils, M. le Doyen de Stenay, dans les premiers jours de cette année.

M. Mangin était trop âgé pour assister aux séances de cette Conférence, qui se tiennent à 8 heures du soir ; mais lorsqu'il était des nôtres à Saint-Sauveur de Verdun, je dois dire pour l'édification générale, il était le plus exact à nos réunions hebdomadaires et le modèle des visiteurs. Chaque semaine, par tous les temps, avec son confrère M. Gueusquin, de pieuse mémoire, ils allaient *ensemble* dans les plus vilains quartiers de Saint-Victor, faire visite à leurs 7 ou 8 familles pauvres, s'asseyaient familièrement à leur foyer, écoutaient patiemment leurs interminables doléances, et leur donnaient avec l'aumône corporelle de douces consolations, de sages conseils et de pieuses exhortations.

Notre-Dame. — La Conférence Notre-Dame à laquelle le conseil particulier dut venir en aide en 1896, vient de recevoir un souffle de vie qui lui a donné une impulsion nouvelle et fait doubler du même coup ses recettes et ses dépenses.

Ses recettes, qui n'étaient en 1896 que de 443 fr. 70, ont monté à 1,086 fr. 30, savoir 208 fr. 10 de quêtes aux séances, 65 fr. de dons et souscriptions, et 807 fr. 90 du tronc de Saint Antoine.

Les dépenses, qui n'étaient que de 438 fr. 70 se sont élevées à 858 fr. 30 et se décomposent ainsi : 7,000 bons du fourneau 350 fr.; pain 223 fr. 20 ; viande 115 fr. 10 ; combustible 68 fr. etc,, etc. Reliquat 228 fr.

Avant que vous ayez le temps de crier au miracle, je vais vous donner le mot de l'énigme ; plusieurs d'entre vous, Messieurs, le connaissent déjà.

Un jour, un jeune Membre de cette Conférence, à la foi robuste et au cœur généreux, demande une grâce signalée à Saint Antoine de Padoue, et lui promet une statue à la maison des Œuvres s'il exauce sa prière et ses vœux.

Le grand thaumaturge ne manque pas une si belle occasion ; et quelques semaines plus tard la statue est posée, et à ses pieds le tronc qui alimente aujourd'hui la Conférence Notre-Dame, et fournit aux familles pauvres qu'elle visite non-seulement du bon pain et de l'excellent bouillon, mais en un certain jour de fête de grosses brioches qui font de toutes ces familles autant de cours peu princières, sans doute, mais ayant du moins chacune *son roi et sa reine*.

Je dois inscrire ici à l'actif de cette Conférence une cérémonie bien touchante qui eut lieu le jour des Rameaux, dans notre chapelle toute décorée pour la circonstance et bondée de monde comme à nos plus grandes fêtes.

Un père de famille secouru par la Conférence Notre-Dame y faisait sa première communion. Sa femme et plusieurs de ses enfants l'accompagnaient à la Sainte-Table ainsi qu'un certain nombre de Conférenciers, notamment le visiteur de la famille, et aussi tous les jeunes gens du Patronage que leur Aumônier avait convoqués pour faire ce jour-là leurs Pâques et rehausser par leur présence et par leurs chants l'éclat de la cérémonie.

Des larmes de joie coulèrent de bien des yeux, et personne ne sut lequel fut le plus heureux ou de celui qui faisait sa première communion, ou du visiteur et du prêtre qui l'y avaient préparé, ou de sa femme et de ses enfants qui voyaient se réaliser ce jour-là le plus cher de leurs vœux.

Saint-Sauveur. — Notre Conférence Saint-Sauveur a fidèlement gardé ses positions : ses recettes comme ses dépenses ont légèrement dépassé 1,100 fr. comme les années précédentes, ce qui lui a permis de ne diminuer ses secours à aucune de ses Œuvres ni à aucune de ses familles.

Pour atteindre ce chiffre de recettes, n'ayant fait que 254 fr. 50 de quêtes aux séances, n'ayant ni tronc de Saint-Antoine, ni goûts, ni aptitudes à organiser des loteries et des fêtes de charité, nous avons dû recruter de nouveaux Membres honoraires en remplacement de ceux dont nous regrettons le départ ou dont nous pleurons la mort.

Nous avons trouvé chez eux le même accueil bienveillant et charitable que chez les plus anciens, dont quelques-uns nous apportent ou nous envoient *spontanément* chaque année leurs généreuses cotisations de Verdun et des environs, notamment de Dugny et de Dieue, et même (je ne veux nommer personne) du château de la Marcellière (Sarthe).

Que tous en reçoivent nos très humbles et bien sincères remerciements : c'est à eux surtout que sera compté le peu de bien qu'ils nous aident à réaliser.

Je dois ici un souvenir d'amitié et de reconnaissance au prêtre distingué, au professeur modèle que le Petit-Séminaire a perdu le 18 mars dernier.

M. l'abbé Erard est resté Membre actif de la Conférence Saint-Sauveur jusqu'au jour où sa chaire fut transportée à Glorieux, et 5 ans plus tard, en 1892, il plaida avec autant de talent que de succès la cause des pauvres et celle de nos Conférences, dans un remarquable sermon de charité donné en notre église cathédrale le jour de la fête de Saint-Vincent de Paul.

Elle fut vraiment trop courte, la vie de notre ancien et regretté Confrère ; mais elle fut si bien remplie de bonnes œuvres, de dévouement et de sacrifices que ses années lui furent comptées doubles pour le Ciel.

Saint-Joseph ou petite Conférence. — Pour ne pas répéter ce que j'ai dit de la petite Conférence les années précédentes ou plutôt pour le résumer en peu de mots, je transcris une simple phrase du rapport fin d'année de son jeune secrétaire : « Nos recettes de l'année 1897 se sont élevées à 2,456 fr. 95 et nos dépenses à 2,686 fr. 25. » Cette seule phrase, dans son laconisme, signifie que le zèle de ces jeunes gens ne s'est point ralenti, et que leur charité ne s'est point refroidie, ni celle des personnes généreuses qui alimentent leur caisse dans les loteries qu'ils organisent et dans les fêtes de charité qu'ils leur donnent.

Elle signifie aussi que leurs œuvres sont prospères, et leurs 38 familles largement secourues.

Je n'ajouterais rien à ce qui précède si de récents souvenirs ne me rappelaient certaines pieuses et touchantes cérémonies que je suis heureux de relater ici.

C'était le 29 juin dernier, en la fête des apôtres Saint-Pierre et Saint-Paul, les portes de la trop petite chapelle de l'Evêché s'étaient ouvertes à deux battants : un jeune diacre, enfant de Verdun et ancien président de cette Conférence, après avoir franchi à Saint-Sulpice les premiers degrés des ordres sacrés, recevait des mains de son Evêque l'onction sacerdotale.

Ceux de ses parents à qui Dieu avait réservé la joie de voir ce jour l'accompagnaient, ainsi qu'un certain nombre de ses amis prêtres et laïques, et plusieurs de nos jeunes Confrères avec qui nous représentions la Société de Saint-Vincent de Paul, qui avait formé dans son sein et donnait ce jour-là un prêtre au Seigneur, un défenseur à l'Eglise, un protecteur et un bienfaiteur à toutes nos œuvres de piété et de charité.

A cette première cérémonie tout intime et toute privée, en succédait bientôt une seconde d'une imposante solennité.

Ce jeune prêtre d'hier, M. l'abbé Basinet, chantait sa première messe dans la Chapelle du Collège où 14 ans plus tôt il avait fait sa première communion. Il était assisté à l'autel par M. l'abbé Henry, qui avait été le guide de sa jeunesse si édifiante, et l'avait dirigé vers le sanctuaire.

Les Membres de nos 3 Conférences étaient présents

à cette cérémonie ainsi que les Maîtres et les Elèves du Collège et toute l'élite religieuse de la société verdunoise.

Que de joies saintes et de douces émotions, chers Confrères, pour le héros de cette fête et pour nous tous depuis l'instant où il gravit pour la première fois les marches de l'autel jusqu'à celui où le Dieu de l'Eucharistie descendit à son appel entre ses doigts nouvellement consacrés, et aussi jusqu'à l'imposition des mains où la foule se présenta avec une édifiante piété.

Pour terminer le chapitre de votre Conférence si nombreuse et si vivante, comme nous l'avons vu le mois dernier, permettez-moi, mes jeunes amis, de vous rappeler quelques-uns des conseils si pratiques, si opportuns et si paternels que vous adressait notre infatigable Evêque à notre réunion générale de la fête de l'Immaculée Conception qu'il avait bien voulu présider.

Après vous avoir félicités de votre courageuse piété, de votre exactitude aux séances et de votre assiduité chez vos pauvres, Sa Grandeur vous a dit qu'Elle fondait sur vous les plus grandes espérances, car « le salut viendra, d'après l'immortel Léon XIII, d'une large et immense effusion de charité. »

« Pour cela, vous a dit Monseigneur, il ne faudra pas comme beaucoup de vos prédécesseurs, qui avaient comme vous le feu sacré de la charité et se riaient du respect humain, il ne faudra pas vous arrêter en si bon chemin ; et lorsque vous aurez un peu voyagé et payé votre dette à la patrie, et que vous reviendrez fixer vos pénates à Verdun, rappelez-vous le chemin de la Conférence ; revenez nombreux, bien nombreux, renforcer les rangs de vos aînés que la mort éclaircit tous] les jours, et alors, alors seulement, je permettrai à nos braves vétérans de chanter le *Nunc dimittis servum tuum Domine.* »

Conseil particulier. — Toujours aussi pauvre, notre conseil particulier, quoique co-propriétaire du vaste immeuble où toutes nos Œuvres de piété et de charité se coudoient sans se gêner, se développent sans se nuire, s'édifient sans se jalouser.

Nos recettes sont de 5,128 fr. 25 et nos dépenses de 4,277 fr. 30 ce qui a produit un reliquat de 850 fr. 95 qui n'existait déjà plus que sur le papier à l'échéance du trimestre suivant, au grand désespoir de notre pauvre trésorier.

Les sommes dépensées au service des pauvres par le Conseil particulier et les trois Conférences de Verdun, s'élèvent cette année à 8,945 fr. 40, soit 1,172 fr. 65 de plus que l'année précédente.

Notre *fourneau économique* a préparé et nous avons servi aux pauvres 34,620 portions alimentaires qui nous ont coûté sans les frais de cuisine 2,367 fr. 60.

Notre *patronage* qui a inscrit l'an dernier 162 enfants ou jeunes gens dont nous n'avons eu qu'à nous louer sous le rapport de la piété, de la conduite et de l'exactitude, peut dès à présent se suffire à peu près à lui-même, grâce à des dons charitables après décès, et à ses soirées dramatiques toujours fort goûtées, qui lui ont rapporté 950 fr. 75 et ont porté ses recettes à 2,175 fr. 70. Les dépenses occasionnées en grande partie par de gros travaux dans les salles et dans la cour se sont élevées en 1897 à 2,136 fr. 70 et n'ont laissé en caisse que 39 fr.

Œuvre de Saint-François-Régis. — Pour ne pas être trop long et trop ennuyeux, j'ai évité dans mes précédents rapports de vous parler de l'Œuvre de Saint-François-Régis. Elle a cependant ici sa place bien marquée : c'est une Œuvre essentiellement moralisatrice et charitable ; elle est aidée et encouragée par le Conseil particulier ; et c'est un de ses Membres, M. Aubert, nº 1 rue Saint-Maur, qui en est tout à la fois, depuis le départ de M. Petitot, le directeur, le secrétaire et le trésorier ; chaque année il réalise en moyenne une quinzaine de mariages civils et religieux.

Mon charitable Confrère me pardonnera de l'avoir nommé contrairement au règlement ; mais je devais vous signaler cette Œuvre, et vous dire que c'est à lui que vous devrez vous adresser quand vous découvrirez, sans même les chercher, de faux ménages, des unions illicites et des enfants qui étaient déshonorés avant de naître.

Sur vos indications, avec un zèle et un dévouement qu'il m'est défendu de louer, mais non d'admirer, M. Aubert se chargera de toutes les démarches, dépenses et correspondances nécessaires ; et sans bourse délier de la part des intéressés, il fera réhabiliter leur union, légitimer leurs enfants et rentrer au foyer conjugal la religion, la morale et l'honneur.

MONSIEUR LE PRÉSIDENT, CHERS CONFRÈRES,

De ce rapport bien incomplet et bien imparfait ressort pour nous tous et pour chacun de nous en particulier, l'obligation de rendre grâces à Dieu d'avoir si visiblement béni nos modestes efforts.

Est-ce à dire que nous ayons fait tout ce que nous avons pu et tout ce que nous aurions voulu ? Non, mille fois non ; et nous entendons encore souvent certains Confrères se plaindre du défaut de recrutement ; d'autres, du manque de ressources.

Je reconnais avec les premiers qu'il n'est pas facile, dans notre siècle d'égoïsme et d'indifférence religieuse, de décider des hommes, même réputés bons catholiques, à suspendre une fois par semaine leurs travaux ou leurs plaisirs pour aller visiter les pauvres, et assister à une réunion de Conférence, si courte soit-elle, y faire la prière en commun, écouter la lecture d'une page du Bulletin ou du Règlement, s'entretenir des besoins des familles secourues et verser dans une urne secrète une aumône que Dieu seul doit connaître et récompenser.

Je dirai aux autres : Intéressez à votre Œuvre vos parents et vos amis, c'est le plus grand service que vous puissiez leur rendre ; et pour compléter toute ma pensée, je terminerai par une phrase empruntée à la dernière Lettre pastorale de Mgr Pagis à ses Curés, leur prescrivant une quête en faveur des églises pauvres, (je ne puis copier un meilleur maître ni un plus éloquent) : « Adressez-vous à tous, leur disait-il, mais insistez auprès des familles riches : combien d'entre elles pourraient donner à Dieu une plus large part de leur superflu ? Combien pourraient utiliser les trésors de la terre, dont rien ne restera, pour préparer leur fortune du ciel, qui restera toujours ! Thésauriser pour le ciel n'est-ce pas le grand art et l'unique fécondité de la vie humaine ? *Thesaurizate vobis thesauros in cœlo !* »

RAPPORT

SUR LA CONFÉRENCE DE COMMERCY

Une regrettable indisposition n'a point permis à l'auteur accoutumé du Rapport annuel de préparer le Compte-rendu des opératious de la Conférence de Commercy pendant l'année 1897. D'ailleurs, il eut été peut-être difficile de présenter un Rapport vraiment intéressant. Aucune autre Conférence ne se trouve auprès de celle de Commercy et ne lui est rattachée, la Conférence de Commercy ne peut donc parler qué de ses propres Œuvres, dont le fonctionnement très modeste n'offre, cette année, aucune particularité, aucune circonstance digne d'une mention spéciale.

Nous nous bornerons donc à présenter une Note sommaire indiquant les recettes et les dépenses du budget de la charité de Saint-Vincent-de-Paul.

Le nombre des Membres ne dépasse pas la dizaine. Malgré leur nombre restreint, ils ont visité près de quarante familles, dont les membres, pour la plupart du moins, ont rempli leurs devoirs religieux.

Les recettes totales se sont élevées à 2,283 fr. Elles se décomposent ainsi :

Dons particuliers..................................... 350 fr. »
Quêtes aux réunions................................ 160 25
Quêtes à domicile.................................. 1.080 60
Quêtes à l'église.................................. 157 50
Autres recettes.................................... 21 45
Excédent de l'Exercice précédent......... 513 20
2.283 fr. »

Les dépenses ont atteint le chiffre de 1,949 fr. 55, ce qui donne un reliquat au 31 décembre 1897 de 333 fr. 45.

Voici le total des dépenses :

3,490 kilos de pain................................. 935 fr. 10
600 bons de bouillon............................... 60 »
Caisse des loyers.................................. 138 »
Vêtements et chaussures........................ 156 20
Chauffage.. 127 30
Viande... 101 10
Pommes de terre................................... 137 20
Secours aux Ecoles et patronages......... 200 »
Honoraires de messes pour défunts....... 12 »
Bulletin, Petites lectures, Almanachs, imprimés.. 82 65
1.949 fr. 55

RAPPORT

DE LA

CONFÉRENCE DE SAINT-MIHIEL

PRÉSENTÉ PAR **J. THIRION**, VICE-PRÉSIDENT

Notre joie eût été certainement plus grande, l'an dernier à pareille époque, s'il nous avait été donné dans notre belle réunion, de jouir de la présence du Conseil central de Nancy.

Cette année, nous n'avons qu'à nous louer, puisque ceux sur les traces desquels nous devons marcher, sont venus nous apporter, avec leurs bons conseils, l'honneur de leur présence.

Comme les années précédentes, je suis chargé par la Conférence de Saint-Mihiel, de vous lire le compte-rendu de nos bien modestes travaux pendant l'année 1897.

Je vais essayer de m'en acquitter la plus brièvement possible pour ne pas abuser de votre bienveillante attention.

Avant d'entreprendre ce court exposé qu'il me soit

permis d'adresser un souvenir de reconnaissance à notre bon et zélé Confrère, M. le capitaine Béguin, qui nous a quittés pour aller grossir les rangs de nos Confrères de Toul, appelé qu'il était par ses chefs, pour y continuer ses ouvrages de capitaine du génie. Nous avons tous regretté son départ, car ce jour-là nous avons perdu un excellent Confrère, mais nous nous consolons à la pensée qu'il ne nous oublie pas, qu'il pense à nous et qu'il continue toujours à être le modèle de sa Conférence.

Voici le bilan de nos Œuvres de 1897.

Ce compte-rendu a surtout pour but de faire connaître aux personnes bienveillantes et charitables de la ville, qui soutiennent notre œuvre, l'emploi des dons qu'elles nous ont faits, il n'a pas pour but de nous glorifier, car nous n'oublions pas que le bien que nous faisons ne se produit que grâce à la générosité de nos bienfaiteurs, à qui nous devons compte de leurs dons.

Nous n'oublions pas, surtout, que c'est grâce au dévouement de nos Dames quêteuses, qui sans prendre attention à leur peine, au mauvais temps et aux mauvaises réceptions qu'elles ont trop souvent hélas, s'en vont parcourir la ville, pour recueillir les offrandes qui nous permettent de faire le bien.

Nos recettes pendant l'année 1897 se sont élevées à 2,137 fr. 55.

Nos dépenses à 1,685 fr. 25.

De sorte qu'à la fin de l'année, il nous restait en caisse 452 fr. 20.

Le nombre des Membres de la Conférence reste stationnaire.

Nous continuons à soutenir l'Œuvre :

Des Ecoles Chrétiennes ;

L'Œuvre militaire ;

La Bibliothèque ;

La Caisse des Loyers ;

En un mot toutes les Œuvres propres à notre chère Société.

Nous avons patronné cette année 54 familles.

Tel est Messieurs et chers Confrères, le court exposé de nos bien modestes travaux.

Puisse Dieu, la bonne Notre-Dame, les bénir et les faire fructifier !

Nancy, imp. cath. de R. VAGNER.

www.ingramcontent.com/pod-product-compliance
Lightning Source LLC
Chambersburg PA
CBHW061355050726
47595CB00005B/2265